dezessete anos

COLOMBE SCHNECK

TRADUÇÃO
Isadora Pontes
Laura Campos

Para meu pai

Em suas pastas de colégio/ há sonhos e segredos/
Todas as palavras nunca ditas...
Yves Simon, *Diabolo Menthe*

Nem minha família, nem meus amigos mais próximos sabem o que me aconteceu durante a primavera de 1984. Vergonha, constrangimento, tristeza… Nunca contei como, acidentalmente, adentrei no mundo dos adultos.

No ano passado, em entrevista ao jornal *L'Humanité*, Annie Ernaux destacou que "uma imensa solidão envolve as mulheres que abortam". Essa solidão foi vivenciada por ela em 1964, aos 23 anos. Na época, realizar um aborto era um crime previsto em lei. Ela conta ter procurado em bibliotecas livros em que a heroína desejava abortar, buscava uma voz amiga na literatura, e nada encontrou. Nos romances, a heroína engravidava e, logo em seguida, já não estava mais grávida. A passagem entre os dois estados permanecia sempre elíptica. Na biblioteca, a ficha "Aborto" elencava apenas revistas científicas ou jurídicas que tratavam do tema pelo viés da criminalidade.

"Estava ferrada, aquilo que crescia em mim era, de certa forma, o fracasso social." O aborto clandestino, sua brutalidade física e moral, era objeto apenas de "boatos de vizinhança".

Atualmente, mesmo tendo sido legalizado, o aborto permanece à margem da literatura.

No ano 2000, quando Annie Ernaux publicou *O acontecimento*, relato de um aborto clandestino anterior à lei Veil, o livro teve pouca repercussão. O relato incomoda. Um jornalista desfere: "Seu livro me dá náuseas".

O aborto não é um belo tema literário.

É uma guerra que se atravessa, entre vida e morte, humilhação, vergonha e lamento.

Não, não é um belo tema.

Ouvi Annie Ernaux e o que ela diz sobre o silêncio, sobre o constrangimento quando "nada está ganho para as mulheres", e, no entanto, "as moças não se mobilizam o suficiente".

No momento em que na Europa a legislação sobre a interrupção voluntária da gravidez é questionada, enquanto se continua a falar sobre a banalização do aborto e se inventa até mesmo a noção de aborto por conveniência, preciso contar o que significou e o que ainda significa para mim esse "acontecimento".

Nem banal, nem conveniente.

Senti como se Annie Ernaux se dirigisse a mim. Eu precisava contar o ocorrido naquela primavera de 1984.

Tenho dezessete anos e tenho um amante. Não estou apaixonada, mas tenho um amante. Atravesso o bulevar Saint-Michel cantarolando. "Tenho dezessete anos e tenho um amante", ele é lindo, estou muito contente. Não sou como minha mãe, não sigo sua solidão. Sou eu mesma, uma garota que transa com um rapaz sem estar apaixonada. Tenho dezessete anos e tenho um amante. Não é um paquera, um namorado, um troço de adolescente, é um amante, um troço de mulher.

Sou uma garota livre.

Estamos em 1984. A esquerda está no poder, a pena de morte foi abolida, a Festa da Música foi criada e há a promessa do CD inquebrável. O Primeiro-ministro tem 38 anos, a aids me parece uma doença tão ameaçadora quanto distante, a revolução feminista está, acho eu, quase concluída. Na televisão, assiste-se aos programas *Apostrophes*, *Droit de réponse* e *Ciné-Club*, de Claude--Jean Philippe. Enfim, somos todos inteligentes e modernos.

Hoje, esse mundo em que eu vivia e que pensava ser indestrutível já não existe mais. Conforto, pais, apoio, otimismo, crença no poder e nas mulheres e homens que o encarnam – tudo isso morreu.

Meu amante é um rapaz da minha sala, chamado Vincent, e é novo no colégio, veio da Rive Droite.¹ É um cara alto, charmoso, usa óculos de tartaruga, tem uma scooter. Não estou apaixonada, mas gosto dele.

Eu o escolhi. Na época, dou as cartas. Escolho, decido, nomeio. Tudo é tão fácil. Não peço autorização aos meus pais para dormir na casa dele, para passar o final de semana por lá.

Não tenho medo, li tantas cenas eróticas na literatura que estou ansiosa para descobrir gestos e sensações que tanto me fascinam nas páginas. Seria tão perturbador, luminoso e excitante quanto nos livros? Li e reli *Emmanuelle*. "Ela resistiu, mas apenas para saborear melhor, aos pouquinhos, as delícias do abandono... A mão do homem não se mexia. Seu simples peso exercia uma pressão sobre o clitóris... Emmanuelle recebeu uma estranha exaltação ao longo dos braços, sobre o ventre nu, o colo. Um arrebatamento estranho a dominou." Seria tão bom assim?

Não tínhamos muita experiência do corpo do outro, não estávamos instalados na primeira classe de um voo Paris-Bangkok, ligeiramente escondidos do olhar da aeromoça, eu não usava meia sete oitavos de seda, nem lingerie de seda, e não era a mão de um desconhecido, mas a do meu colega de sala. Estávamos na cama de solteiro de um rapaz de dezessete anos, em um quarto com marcas da infância, mapa-múndi, cartaz do Snoopy, cobertor tipo escocês. Isso era tudo que eu queria e ele também.

Não contei que ele foi o primeiro, não queria inibi-lo, que fosse cauteloso, que me achasse desajeitada, pudica. Ele era apenas o primeiro de uma lista que eu desejava longa. Invento uma relação com um homem mais velho – é o desconhecido do avião, um americano que mal falava francês.

Aprendemos rápido a nos tocar como no voo Paris-Bangkok, mas sem o cheiro de couro. Sempre prontos a recomeçar, sem nunca nos cansar. A pele dele é suave, a pele dele é rígida. É muito bom.

Estou radiante, me livrei da virgindade. Vivenciei como se fosse um romance, sinto-me ainda mais livre. Isso é só o começo, estou pronta para abraçar o mundo.

E no dia seguinte, de manhãzinha, a mãe do Vincent preparou o café para ele e para a nova namorada.

Estávamos naquela parte do mundo onde um rapaz e uma moça transam sob o olhar benevolente dos pais.

Naquela primavera, numa sexta-feira à noite, converso rodeada por meus pais no sofá da sala e lhes pergunto:

— Vocês não teriam um amigo ginecologista?

Eles são médicos de esquerda, moram na Rive Gauche, têm a "cabeça aberta", são legais, cultos. A pergunta lhes parece completamente natural. Ficam satisfeitos que eu os tenha consultado e levam a conversa com muita seriedade. A quem confiarão o corpo da filha, sua sexualidade, seus seios, seu sexo?

Sentados no grande sofá de couro, na clara, ampla e aconchegante sala de formato arredondado, eles refletem.

Minha mãe tem uma quedinha por ginecologistas tunisianos, o dela é o dr. Lucien Bouccara, conhecido como Lulu, que é também um amigo.

É assim que as coisas acontecem nos anos 80 em Paris, na Rive Gauche.

Minha mãe está convencida de que os melhores ginecologistas são tunisianos, e isso não é tudo: a maioria deles tem olhos azuis. Para ela, isso é um sinal, uma prova de competência profissional.

Eu não concordo, não quero o Lulu, não quero o dr. Bouccara, que fez o meu parto e janta na minha casa.

— Não quero ficar pelada na frente do Lulu, não. Vocês estão loucos?

Meu pai tem uma outra ideia, sugere que eu marque uma consulta com o doutor L., tunisiano também, para agradar à minha mãe. Ele o conhece, é um médico sério e gentil, atende na rua da Université.

Por mim, tudo bem. Marco a consulta. Vou sozinha. De qualquer forma, não precisarei pagar. Meus pais são médicos e cresci com a regra implícita segundo a qual médicos não se cobram consultas. Para mim, essa gratuidade diz respeito a muitas coisas, basta querer, basta aproveitar. Sou uma ignorante.

Durante o primeiro exame, não me recordo de ter sentido medo ou dor. Estava confiante, segura de que estava tudo bem e de que tudo sempre se resolve.

O doutor L., amistoso e atencioso, conversa comigo com calma. Numa folha de papel, faz uns desenhos com uma caneta e me explica que posso engravidar facilmente. Enquanto a pílula não fizer efeito, eu e meu namorado precisamos tomar cuidado, e, principalmente, não posso me esquecer de tomar a pílula diariamente.

Tenho a sensação de estar em uma aula de ciências, me entedio um pouco e não presto atenção em tudo. É simples, quero tomar pílula, preciso de uma receita médica. Vou embora tranquila. Tudo é tão fácil.

Estou estudando para o *Bac*,[2] uso uma camiseta da Agnès b. listrada de azul-claro e bege, estou transando com um garoto, tomando pílula. Tudo é fácil.

Será que, historicamente, as garotas de dezessete anos foram tão livres quanto eu? Posso ler livros proibidos desde que aprendi a ler. Meus pais sempre se dão conta tarde demais. Tenho ideias precisas a respeito daquilo que gosto ou não gosto. Sou contra: os editoriais de Patrice Plunkett na revista *Le Figaro*, as garotas excessivamente maquiadas e de cabelo pintado. Sou a favor de que não me imponham nenhuma regra, nenhum gosto.

Depois dos dois volumes de *Emmanuelle*, li *A história de Ó* e *A bicicleta azul* com a mesma avidez, emendei com a revista *15 anos*, que ensina moças a beijarem rapazes, e com os artigos de

Henri Tincq no *Le Monde*, sobre a atualidade das religiões.

Estou despreocupada. Na primeira semana, me lembro da pílula todas as noites, depois, me esqueço algumas vezes. Aquilo já não me diverte tanto, deixa de ser uma novidade, passa a ser um troço de adulto, apenas uma obrigação, e tenho dificuldade com obrigações.

Descubro *Em busca do tempo perdido* e nada mais importa. Nada, com exceção de sexo, claro. Vincent e eu exploramos o corpo um do outro, o lóbulo da orelha, o contorno do nariz, o tornozelo, a pele macia atrás dos joelhos... Subir pela coxa, pela dobra da bunda, esperar, implorar.

O mês de junho está chegando, preciso fazer o *Bac*.

No meu colégio, a taxa de aprovação é de 99%. O *Bac* é quase uma formalidade. Ao longo do ano, os professores incentivaram o diálogo, a imaginação e a criatividade dos alunos. Maio de 68 não está distante. Não deveríamos abolir esse exame reacionário? E as notas? Os conceitos? As provas? Tudo isso faz sentido? A equipe docente procura nos passar confiança, quer que a gente aprenda a "usar nossas qualidades e defeitos". Os professores são de esquerda e também usam roupas da Agnès b. É prático e há uma loja logo em frente à escola.

A École alsacienne é um colégio experimental laico, centenário e ainda moderno. É dirigido por Georges Hacquard, pedagogo e latinista, benevolente e generoso. Ele nos conhece pelo nome, conhece nossas histórias, qualidades e defeitos. Sim, temos o direito de ter defeitos. Eu não presto atenção na aula, não faço as tarefas, mas tudo bem. Não preciso me opor a uma autoridade, não há nada para enfrentar, nem a escola, nem os pais. Ninguém nos manda obedecer, seguir regras, com exceção daquelas de convivência e respeito às pessoas. Precisamos encontrar nosso próprio lugar, exercer a liberdade, persistir nos objetivos, ser curiosos. Nossos pais e professores lutaram por isso. Somos filhos de uma nova era.

Meu pai construiu uma vida familiar que lhe convinha. Ele mora no cais de Tournelle, no térreo de uma casa do século XVII. Ele recebe amigos e amantes, é a favor da vida, do amor livre, contra o casal tradicional, o tédio, os hábitos. No final de semana, encontra esposa e filhos na rua Val-de-Grâce. Eu o acuso: "você quer tudo! O bolo e a cereja do bolo".

Secretamente, penso que ele tem razão. Queria tanto que minha mãe saísse do quarto e parasse de fugir da vida.

De vez em quando, meu pai me empresta o apartamento. Gosto de ficar lá – eu me instalo, estudo para o *Bac*, leio... Posso receber o Vincent também.

Olho para os jornais empilhados na mesa da sala. Um dia, uma edição especial dos *Dossiers et Documents* do *Le Monde* sobre a crise econômica.

Uma outra vez, um número de inverno do *Libé*.[3] O editorial do diretor Serge July se intitula: "Viva a crise!". Fico intrigada, apreensiva. Crise? Que crise?

Por outro lado, é verdade que vimos surgir no bairro um fenômeno social que nomeamos de os "novos pobres". Ao lado da escola, uma senhora de cabelos loiros descoloridos e com as raízes aparentes me pede dinheiro. Não faz muito tempo, ela frequentava o cabeleireiro para pintar o cabelo ou comprava a tinta no supermercado. Ela se preocupava em ficar bonita, loira, tinha tempo para si. Esse tempo acabou.

Pressinto que meu mundo pode rachar.

Meu pai me deixou sozinha no final de semana, foi passear em Megève. Meu namorado acabou de sair, voltou para a casa dos pais. Preparo o meu jantar, uma torrada com pasta de tarama, tudo que eu adoro!

Não há quarto de criança no apartamento do meu pai. Deito-me em um banco coberto por um tapete de lã branca e almofadas marroquinas.

Esta noite, deito e choro. São lágrimas que desconheço. Eu, que acreditava ser a garota mais feliz do mundo, sentada entre meus pais no grande sofá de couro confortável e macio, deparo-me com algo rígido, algo que ignoro.

São lágrimas novas pelas quais sou a única responsável.

Choro porque, tenho certeza, estou grávida. E estou sozinha.

Aconteceu de repente, fui expulsa do "meu mundo". Entro num mundo distinto, um mundo coercitivo no qual não se trata mais de fazer dever de casa, ver filmes, convidar ou não certas amigas. Trata-se de vida e de morte, da minha vida, do meu futuro, da minha liberdade, daquilo que acontece no meu corpo e que pode ser a vida ou nada, e pelo qual sou responsável.

Há quantas semanas olho o fundo da calcinha na esperança de ver sangue? Um mês, dois meses? Abril, maio? Não consigo contar, me lembrar.

Não é possível, isso não pode estar acontecendo comigo! Não fumo, não bebo, não gosto de sair à noite. Gosto de ler. Gosto de ficar na cama com o Vincent. Penso nisso durante as aulas e passamos finais de semana inteiros naquela cama estreita, diante do pôster do Snoopy. Só penso nisso, no prazer, tão distante da vida da minha mãe.

Acho que não conheço o sofrimento. O sofrimento, os tormentos, aquilo ocorreu muito antes do meu nascimento, há muito tempo, durante a guerra. Acredito então que tudo isso terminou.

Admiro minha mãe, que me diz ter trabalhado até o meu nascimento e retomado suas atividades quinze dias depois. Seus pacientes ficavam surpreendidos quando ela lhes dizia que tinha dado à luz há algumas semanas. Sequer haviam notado que ela estava grávida.

Minha mãe cuida de crianças deficientes e nos ensina a não estabelecer diferenças entre as crianças de quem cuida e nós, seus filhos. Ela tem razão de ser tão ausente, essas crianças precisam muito mais dela do que nós.

Minha mãe é feminista, assim como foi sua mãe antes dela. Elas lutaram para estudar, trabalhar. Feminista, para mim, não quer dizer nada, não tenho necessidade de sê-lo. Para que isso me serviria? "Meu corpo me pertence", "Mulher sem homem é como peixe sem bicicleta", "Um filho se eu quiser, quando eu quiser"… Todos esses slogans dos anos setenta me parecem datados. Direitos adquiridos. A luta de minha mãe me parece concluída.

Aguardo, ainda não consigo me lembrar da data da minha última menstruação, foi há tanto tempo. Estou com medo, tenho dúvidas. O medo cresce cada vez mais – tenho certeza, estou grávida. Decido esquecer. Não tem nada a ver comigo engravidar, não decidir, não ser livre.

Fico ligada, procurando vestígios de sangue. Nada.

Eu me dou conta de que sou uma moça, não um rapaz.

Fui educada assim: rapazes e moças em pé de igualdade. Sou tão livre quanto meu irmão, minha mãe é tão livre quanto meu pai. Acho que não exercer essa liberdade é uma opção dela. Não é exatamente isso. Ela não é livre por estar aprisionada a seu passado. Não sou livre para fazer amor. Engravido contra a minha vontade.

Vou fazer o *Bac* daqui a um mês. Estou grávida.
Estou com medo.

Acabei me resignando e marcando uma consulta com o doutor L. Tenho um problema. Eu, uma garota sem problemas, preciso admitir que tenho um. Isso me chateia. Gostaria de não ter queixas nunca, de permanecer despreocupada. Já era.

O médico prescreve uns exames e, no dia seguinte, me telefona. Ele queria que eu fosse vê-lo logo que possível, daria um jeito de me receber.

Ele sente muito. "É exatamente o que eu não queria que acontecesse com você." Eu também sinto muito. Estou grávida e nem sei desde quando. Ele me pergunta, mas não tenho nada para lhe dizer. Não tenho explicação nem desculpas. Ele parece aborrecido, como se fosse também um fracasso dele.

— Preciso que você me diga claramente o que quer.

Agora sei:

— Quero interromper a gravidez.

Sou rápida com Vincent, vou direto ao ponto. Não quero compartilhar o medo daquilo que acontece comigo, daquilo que poderia acontecer, um filho dele. Não existe criança, ele não é um futuro pai. Estou grávida, a culpa é minha. Digo-lhe apenas para que ele fique informado, porque ficamos juntos, nos divertimos, exploramos o possível com nossos corpos, e aquilo teve uma consequência. Não conto que chorei e que ainda choro, que agora eu finjo estar com ele, em nossos jogos adolescentes, embora tenha adentrado em um mundo mais pesado.

Não há nenhuma dúvida, nenhuma hesitação. Não existe filho por vir. Somos colegiais, vamos fazer o *Bac*, entrar para a universidade, fazer dezoito anos, sair de férias e, na volta, teremos uma vida adulta para ser construída.

Ele me escuta sem dizer nada. E se a gente tivesse esse filho? Não permito sequer que ele faça essa pergunta.

Manter a gravidez significaria renunciar. Quero fazer ciência política, ser jornalista no *Le Monde*, apresentar o jornal das 20 horas, ser debatedora no rádio, ler livros proibidos, casar e ter filhos o mais tarde possível.

Quero apenas continuar como era antes, quando eu não chorava sozinha na cama, quando os meus únicos e verdadeiros tormentos eram o silêncio e a tristeza de minha mãe, sua infância durante a guerra, sozinha em um convento, o frio, o abandono. Eu tinha apenas leves preocupações de adolescente, sonhos de liberdade e ambição.

Pela primeira vez, há algo pesado que reduz aquilo que sou.

Dou a notícia para os meus pais com o mesmo tom casual de alguns meses atrás, porém já me parece um outro tempo em relação a quando eu me aconselhava com eles sobre a minha iniciação sexual, sentada entre os dois no sofá de couro marrom da sala. Só que, desta vez, a casualidade é apenas maquiagem.

Meus pais não me julgaram, não levantaram a voz, não me censuraram. Não é uma notícia que tinham vontade de receber, preferiam que eu contasse as minhas realizações na escola, a minha trajetória de garotinha se construindo para lhes agradar.

Ainda me vejo, aos oito anos, sentada numa poltrona Marcel Breuer de couro caramelo, diante da escrivaninha de meu pai, com uma sóbria e espessa placa de vidro. Posso descrever perfeitamente seu olhar espantado quando explico que estou escrevendo a biografia de Napoleão. Na verdade, estou apenas copiando um livro sobre a infância do corso.

E eis que aqui estou, aos dezessete anos, grávida, como tantas outras moças, como Annie Ernaux, filha de um pequeno comerciante de Yvetot, em 1964, como Marie-Claire, a adolescente de Bobigny, julgada em 1972. Fui atingida pela minha condição feminina, não sou mais aquela que se esquiva escrevendo a biografia de Napoleão, lendo cinco vezes seguidas a autobiografia de Lauren Bacall durante o verão dos meus onze anos.

Sou uma garota normal.

Meu pai me convida para almoçar com Vincent no La Closerie des Lilas, restaurante que frequenta três vezes por semana, que é idealmente localizado no caminho para o colégio.

Meu pai é um homem que acolhe, aconselha, ajuda, seduz, doa, é engraçado.

Usa pulôveres rosa-antigo, calças cor de ferrugem, cáqui-claras, camisas sem gola fabricadas sob medida por Arnys. Ele tem um perfume agradável de lavanda masculina da Caron. É careca, não muito alto, tem bigode, óculos redondos de metal. Meu pai é muito generoso e apreciado. Diz aos filhos: "Os pais devem tudo a seus filhos. Os filhos não devem nada a seus pais". Convida seus jovens confrades para almoçar no La Closerie des Lilas, lhes oferece conselhos e apoio. É um entusiasta dos sonhos alheios, dos meus sonhos. Para ele, posso fazer de tudo, ser bailarina, ministra, jornalista, amazona, sedutora, leitora.

Conheço o cardápio de cor. Cogumelos ao creme, arenque e ovo pochê à inglesa, marquise de chocolate. Confesso a meu pai a minha mais recente ambição. Desde que ouvi Nicole Lise Bernheim contar sua vida de viajante no programa *Apostrophes*, quero ser correspondente do jornal *Le Monde* em Nova Iorque. Ele aprova.

Repete: "Não vamos falar de coisas desagradáveis".

Naquele dia, ele não tem opção, falamos sobre o aborto. Sem lição de moral e sem broncas. Ele nos diz simplesmente que isso é o tipo de coisa que torna a vida mais difícil depois. Não o escuto verdadeiramente, não quero pensar que é sério. Nesta vida, os problemas vêm e vão rapidamente.

Desejo me convencer de que basta pintar de branco esse primeiro corte que ele desaparecerá.

Não conto para os meus amigos, apesar de conhecê-los desde o maternal. Há algo que me envergonha por ter sido tão idiota.

Acusam-me de descuido. Estão certos. As críticas mais severas são as mais certeiras.

No discurso de novembro de 1974 na Câmara dos Deputados, Simone Veil explica que, apesar da contracepção, acidentes são possíveis.

Eu tinha pílula, mas não tomei corretamente, não prestei atenção. Será que tenho o direito de me desculpar e considerar isso um acidente?

Eu era tão despreocupada. Possuía um corpo de mulher, era uma novidade, ainda não sabia que esse corpo limita os gestos, movimentos, liberdades, impõe regras. Ele não nos pertence plenamente, pode tornar-se o corpo de um outro. Senti-me traída pelo meu corpo, ele roubou minha liberdade.

Vou fazer o *baccalauréat* grávida. Ninguém sabe, acho que até eu mesma esqueci.

Pego o trem para o local das provas, em Arcueil. No cais da estação Port-Royal, olho para os outros. Eles têm a minha idade, vão fazer as mesmas provas, estão tensos, alguns riem nervosamente, fumam, estão agitados. Já eu, não.

Entretanto, sou como eles, uma adolescente que lê o tempo todo, não fuma, não bebe bebida alcoólica, dorme cedo, come frutas e legumes, faz pizza e bolo de chocolate para os amigos, usa camisa floral da Cacharel, a adolescente que não vê motivo para se rebelar contra seus pais, que acharia injusto se rebelar, que não viveu a guerra. Não quero que meus pais se preocupem comigo, não quero lhes causar nenhuma preocupação, nem reclamar com eles, quero estar sempre apresentável, perfeita, alegre.

Hoje, não deu.

Meu pai vai comigo e com Vincent até a entrada da clínica, nos deixa na porta. Ninguém diz nada. As enfermeiras, o anestesista e o doutor L. se limitam a nos transmitir o mínimo de informações. Ninguém me censura nem me olha com desconfiança.

Não se trata de uma questão moral.

Olho atentamente para cada um deles e não detecto nada. Médicos, enfermeiras, o anestesista, auxiliares de enfermagem, todos são neutros, atentos e indiferentes ao objeto da intervenção. O que acontece comigo é algo banal, uma simples curetagem, nada a relatar. Estou só.

Tenho poucas lembranças desse dia. Conheço a clínica, meu pai dá alguns plantões semanais por lá. Perguntam-me se sou a filha do doutor Schneck. Respondo que sim. Acho que fui sedada. Acordo em um quarto. Ninguém me levou flores, chocolates, nada. Não existe consolo. Estou aqui por minha culpa, porque não prestei atenção.

Apenas meu pai e minha mãe sabem onde estou.

Não senti nada. E ainda não sinto nada. Um pouco de cansaço, uma pontada na barriga. Nada de grave.

Minha mãe não veio à clínica. Nunca falaremos do que aconteceu naquele dia. Nem antes, nem depois.

Eu e minha irmã ainda rimos de quando ela tentou conversar com a gente sobre menstruação. Tínhamos uns dez anos e ela nos interpelou apressada, escondida no vão da porta da cozinha.

— Ah, meninas, vocês sabem o que é menstruação?

Desatamos a rir. Ela pareceu tão desconfortável.

Claro, aprendemos na escola.

Ela fecha a porta, aliviada. Nossa educação sexual termina ali.

Trinta anos depois, na Conferência Internacional do Romance, em Lyon, Pierre Pachet, irmão de minha mãe, lê um trecho de *Sem amor*, seu último ensaio. O livro retrata mulheres que renunciaram ao amor. Ele fala sobre minha mãe, Hélène, cujo nome passou a ser Irène.

Ele conta como, durante o inverno de 1943, aos onze anos de idade, escondida em um convento, Irène percebe uma mancha vermelha em sua calcinha. O sangue escorreu entre suas pernas, e ela não sabia o que era aquilo. "Imaginava o que fora a apreensão de Irène, a dor, o espanto diante daquela mancha escura — excrementos? Não, devia ser sangue (uma ferida interna, uma doença, a consequência de um erro? Não era cedo demais para se ter culpa?)."

Estava aterrorizada por tantas coisas, a morte, o sangue, a falta de higiene, o frio. A quem poderia confessar seu terror? A sensação de abandono permanece até a sua morte. Ela relata o episódio apenas para uma amiga muito próxima, que, muito tempo depois, contará a seu irmão.

E ouço isso, o terror de uma garotinha judia de onze anos e meio que pensa que vai morrer, sozinha, escondida no convento, com esse sangue que ela não sabe de onde vem. Tudo se mistura, a obrigação absoluta de se calar sobre sua identidade, a angústia de nunca mais rever seus pais e, agora, a descoberta de seu corpo.

"Algo se rompera do mundo ou dela mesma", escreve ainda Pierre Pachet sobre minha mãe, a bela Hélène.

À noite, meu pai está na clínica. Ele me ajuda a me levantar. Voltamos para casa. A casa de minha mãe.

Sua filha, uma estudante do ensino médio, acaba de abortar. O que ela me diz quando chego? Nada de que eu possa me lembrar. Não me pergunta se tudo correu bem. Não é uma pergunta que se faça depois de um aborto. Não pergunta se estou triste, aliviada, cansada, se chorei. Ela não faz esse tipo de pergunta.

Como toda noite, tomo um banho e vou me deitar.

No dia seguinte, tenho febre, dor na barriga. Gemo, reclamo, não posso ir à festa organizada para comemorar o *Bac*, o término do ensino médio.

Aos meus amigos da minha idade, que amo e para quem conto tudo, não digo nada. Não ouso. Não escrevo "confessar", pois não cometi um erro que deveria "confessar". Não, não quero compartilhar meu sofrimento. Eles não entenderiam, penso que estão no mundo da inocência.

Naquele momento, não disse nada, e depois tampouco, nunca falaria para ninguém. Às vezes, quase digo a palavra, quase compartilho "o aborto" com uma amiga próxima. E logo em seguida desisto. Por que esse silêncio? Por que até mesmo as mulheres se calam?

Tenho vergonha.

Talvez haja algo sujo no aborto? Não vivi nenhuma reprovação, nem de meus pais, nem de Vincent. Ele poderia ter me acusado de não ter prestado atenção, de ter esquecido a pílula, e, no entanto, carrego uma espécie de mancha em mim, feita de sangue, de excrementos, dessa terra que jogamos sobre os caixões. Então, me calo.

Na verdade, uma vez, aos trinta e dois anos, falo dessa mancha a uma mulher que tem dez anos a mais que eu.

Ela se chama Claire Parnet. É a mulher mais inteligente, mais bonita, mais espirituosa que já encontrei. Estou um pouco apaixonada por ela. Confio-lhe dois segredos que nunca pude compartilhar com ninguém. Meu avô paterno foi cortado em pedaços e colocado numa mala. E eu abortei.

Meu pai briga comigo. A última vez que ele se irritou assim eu tinha seis anos. No primeiro dia de aula do primeiro ano, de noite, ele me mostra as letras A e B. Finjo não entender nada, não as reconhecer ou associar. Estava provocando. Até onde ele é capaz de me amar? Será capaz de me amar mesmo se eu for uma garotinha burra?

Ele se zanga e me dá a única bofetada de sua vida.

Me disse tantas vezes, na infância, que se arrependia, e como ele podia ter feito um gesto tal, uma bofetada... Isso me fazia rir.

Meu pai me ama de modo indefectível.

Hoje, sei muito bem por que ele se zanga, preciso parar de reclamar.

Não é porque eu queria ir naquela festa e isso não seria razoável, é porque já sou quase uma adulta e agi de maneira inconsequente. Ele me passou o nome de um ginecologista, que me deu a receita médica para a pílula, eu podia ir dormir na casa do meu namorado. Tive tudo o que eu queria e estou reclamando? Nunca me dirá, mas sei que ele e minha mãe, na minha idade, não tinham nada, não tinham direito a nada, muito menos ao sexo.

Meu pai, à sua maneira, doce e generoso, tranquilo, convidou o Vincent e eu para tomarmos alguma coisa no terraço do café Le Bonaparte, num fim de tarde de junho.

Não devíamos falar de coisas desagradáveis, ele não gosta disso, e toma para si. Teve de preparar o que tinha para nos dizer. Quer nos ajudar a crescer, a sermos adultos responsáveis. Sabe que não estará aqui por muito tempo, que é cardíaco, frágil; aos quarenta e dois anos teve o primeiro alarme, não estará sempre aqui para consertar, para me proteger dos meus descuidos, por assim dizer, ou da minha inconsequência. Nos diz que não devemos fazer como ele, que é preciso cuidar de si, que abortar não é algo errado, mas, como todo acidente, é algo a ser evitado em nossas vidas, algo que não faz bem.

Não acredito nisso realmente. Estou convencida, foi fácil para mim, ao passo que fora difícil, violento, para as militantes dos anos setenta, para Simone Veil, que defendeu o projeto de lei de interrupção voluntária da gravidez.

Conheço a lei Veil, que é recente, existe há exatamente dez anos. Me lembro dos debates, das injúrias, das acusações. Simone Veil queria provocar um novo massacre de São Bartolomeu, reatar com os bárbaros, e o aborto fora comparado ao genocídio judaico...

Eu me lembro da indignação de meus pais escutando um deputado insultar Simone Veil na tribuna da Câmara. Fiquei sabendo depois que ele se chamava Albert Liogier e que havia se desculpado no dia seguinte.

Eu me lembro daquela foto de Simone Veil escondendo o rosto atrás das mãos e dos comentários emocionados diante daquela mulher chorando.

Ela deixaria claro mais tarde, em uma entrevista, que não estava chorando, mas sim cansada – eram três horas da manhã, estava na luta há dois dias, não tinha dormido. Não é uma mulher frágil que chora. É uma batalhadora.

Agradeço-lhe ter persistido. Fiquei desconfortável, incomodada por ter escapado do sofrimento profundo que ela evocara dez anos atrás na Câmara. Para ela, o aborto deve continuar sendo uma exceção, o último recurso para uma situação sem saída.

Não estou em uma situação sem saída. Teria tido o filho de um garoto que não amo, meus pais teriam me ajudado, seus pais também.

Em 2014, a noção de "sofrimento", mencionada na lei de origem, foi apagada. François Fillon se indignou, vendo ali um risco de banalização do aborto.

Pensei, então: François Fillon, estes corpos — o meu e o de outras mulheres — não são o seu. O que se passa dentro do meu corpo não é assunto seu. Você não tem nenhum direito moral, nenhum direito de julgar.

Simone Veil disse: o aborto é e sempre será um drama.

Penso que acabou, que não pensarei mais nisso. Sim, devo estar nessa posição, tão criticada durante os debates sobre a lei, essa do aborto por "conveniência". Um aborto banal, fácil, esquecido logo depois de realizado. Minha mãe não diz nada à sua filha de dezessete anos que abortou. O que acabou de acontecer não tem a menor importância. Eu o enterro no mesmo silêncio.

Quarenta anos depois, uma mulher me confidencia que abortou aos dezessete anos, de forma clandestina, em 1966. O ano de meu nascimento.

De repente, sou essa mulher, sou essa criança. E isso me corta o coração.

Em 1984, vou comemorar meus dezoito anos e ainda não sei que, trinta anos depois, serei como essa mulher.

Tenho dezoito anos, acabo de abortar, não sei nem mesmo de quantas semanas estava grávida. O médico fez um ultrassom para determinar? Certamente, mas não me lembro.

Será que ultrapassei as dez semanas, quando os riscos psicológicos e físicos aumentam? Talvez. Não tenho a menor ideia.

Eu era menor de idade. Será que precisei pedir autorização para os meus pais? Não, certeza que não. Tinha o hábito de fazer o que queria há muito tempo, podia ler a noite toda, dormir na casa de um garoto. Nunca pedi autorização para nada.

Será que me informaram dos riscos, tal como exige a lei? Acho que não.

Impuseram-me um período de reflexão de oito dias para que eu pudesse amadurecer minha decisão? Não, eu tinha outras preocupações, queria passar no *Bac*.

Será que tive direito a uma consulta com lição de moral, com o discurso de um médico enfatizando que aquilo não é um ato banal, mas uma decisão grave que não pode ser tomada sem pesar as consequências e que convém evitar a todo preço?

Naquele dia de junho, no terraço do café Bonaparte, havia uma luz dourada e cheiro de jasmim no ar; Vincent e eu nos sentamos comportadamente diante de meu pai. Um homem de uns cinquenta anos, parecido com Erik Orsenna, camisa sem gola, echarpe de seda indiana. Ele fala calmamente com dois adolescentes de jeans e camiseta combinando. Na mesa ao lado, é provavelmente impossível saber que nossa conversa é séria.

O homem diz que é grave, que não devem achar que sairão ilesos, mas a filha não está realmente escutando. Ele repete, pois tem medo de que ela não tenha entendido.

A filha quer pensar em outra coisa. Imagina estar com um outro garoto por quem está secretamente apaixonada, o irmão mais velho de uma amiga. Se fosse com ele, será que ela teria mantido a gravidez? Pensa que sim por cinco minutos, logo depois que não, sem filhos por enquanto – ela tem tantas coisas para fazer e viver antes.

Acredito que tenho sorte, muita sorte. Não nasci dez anos antes, não me chamo Marie-Claire, minha mãe não trabalha nos correios, não estou sendo processada no tribunal correcional de Bobigny por ter abortado clandestinamente, não corro o risco de pegar de seis meses a dois anos de prisão. Marie-Claire também tinha dezessete anos quando abortou, em 1971. Tinha sido estuprada por um garoto de sua idade, um cara do ensino médio, um jovem delinquente. Não teve coragem de denunciar. Ela era pobre. Em 1971, abortar significava a prisão para as pobres e a Inglaterra para as ricas.[4]

Graças a colegas, a mãe de Marie-Claire encontrou uma mulher que sabia colocar uma sonda. Por três vezes, a mulher introduziu o objeto na vagina de Marie-Claire. Por três vezes, fracassou, provocando uma hemorragia grave na jovem. O rapaz que a estuprou foi preso por roubo de carros. Para ser solto, denunciou a gravidez e o aborto de Marie-Claire, que foi presa pelos policiais, assim como sua mãe, a mulher que colocou a sonda e as colegas que as apresentaram. Todas as cinco acusadas.

Gisèle Halimi, a advogada delas, previne: "Será preciso muita coragem e determinação".

Marie-Claire é solta, o juiz considera que ela sofreu "pressão de ordem moral, social, familiar, à qual não pudera resistir". Sua mãe foi condenada a pagar uma multa de quinhentos francos.

É esse processo, sua injustiça, sua violência, que permitirá a votação da lei Veil dois anos depois.

Digo a mim mesma que tenho muita sorte e, dessa vez, é verdade. Meu pai está aqui.

Nesse dia, no Bonaparte, parece que esqueci a angústia das últimas semanas. Porém era eu, essa garota sozinha em sua cama, que choraria à noite, pois o que estava acontecendo não era a vida com que sonhava.

Quanto a Vincent, ele não diz nada. Na minha lembrança, ele foi gentil, atencioso e gostaria de me ajudar. Mas será que perguntei sua opinião? Não. Não tem opinião a dar, fui eu quem decidi. Acho que ele não sabe o que é, que não pode saber, que tudo isso só lhe diz respeito indiretamente. Claro que ele também tem responsabilidade por essa situação, ele também não se preocupou com a contracepção, mas não tenho raiva dele. Somos adolescentes. Meu pai está enganado, tudo isso não pode ser tão grave assim. Ele se preocupa comigo e gosto que se preocupe.

Trinta anos depois, encontro Vincent, o garoto da primavera de 1984. A escola organizou uma festa pelo aniversário do nosso *baccalauréat*, para comemorar nosso percurso escolar tão feliz. Ele está ali, entre os meus amigos de infância e adolescência.

Ele conhecera minha mãe e meu pai vivos, e a mim quando era uma garota despreocupada. Era um outro mundo. Existe esse ausente entre nós, que seria um adulto hoje.

Hoje, Vincent é um homem, um pai de família.

Será que ele pensa na primavera de 1984, no inverno de 1985, quando poderia ter sido pai? Será que guarda arrependimentos? Remorso? Será que sente constrangimento, vergonha, tristeza? Será que falou para a mãe de seus filhos?

Eu poderia lhe perguntar tudo isso, mas não vou em sua direção. Sinto que nada nos liga, nem mesmo esse ausente concebido há vinte e nove anos.

Estou me recuperando e furiosa por ter perdido a festa do *Bac*; já estou pensando em outra coisa. Vincent me convida para a casa de sua mãe em Luberon.

Escuto falar pela primeira vez do Luberon, meu pai fica contente, me explica que é chique.

Na gare de Lyon, corremos, temos medo de perder o trem para Avignon. Pela primeira vez, tenho dificuldade para acompanhar Vincent, estou ofegante. Seria o começo do "preço" de que falou meu pai?

No trem, Vincent me confessa que, para ele, essa história teve um lado positivo, ela nos aproximou. Eu digo que sim, certamente. Minto. Não concordo. Trata-se do meu corpo de garota.

Na volta das férias, termino com ele. Ainda estou com o irmão da minha amiga na cabeça. Eu também o largaria um dia.

Creio que esse aborto ficou para trás, que essa história está acabada. Voltei para o meu mundo.

Um mundo onde sou livre para desejar, para agir de acordo com minha vontade, para escolher, mas onde sei que a queda não está tão longe. Devo prestar atenção ao meu corpo, a mim, ao que está no meu entorno, aos acontecimentos e acidentes possíveis.

Sei que, deste mundo ao qual pertenço, educado, civilizado, posso ser expulsa. Basta muito pouco. Uma má radiografia, uma mancha bizarra no coração do meu pai, um encontro ruim... Durante esses anos, Guy Georges assola os estacionamentos de Paris, mata a prima de um amigo. A morte em que não pensávamos está ali, bem perto.

Continuo com medo de não menstruar ao fim de cada mês. Terei esse medo por anos, por dez anos, até o momento em que, enfim, chegará um sentimento novo. Não quero mais o sangue, estou pronta para ter um filho.

O acontecimento tem um fim, a história está terminada?

Haverá outros garotos, a morte de meu pai, a solidão, o casamento, a morte de minha mãe, dois filhos, a solidão de novo, outros homens.

Mas durante todo esse tempo, pensei nele, nesse filho que não tive e que não tem nome.

Estamos no inverno após o *Bac*, tenho um namorado, estou apaixonada, meus pais adoram o garoto, estudante de uma Grande École,[5] filho de um amigo deles, perfeito. Vamos aos esportes de inverno.

E de repente, embora a história esteja acabada, penso nela. Tenho medo de parir, de sentir dor, de ser rasgada em duas, e assim ele teria nascido... É um menino. Chora muito, não sei o que fazer, sou desajeitada.

Mais tarde, ainda penso nisso. O ausente volta. Ele teria seis meses, um ano. Ainda não sei como me comportar. Eu larguei seu pai. Tenho dezoito anos, estou sozinha com o bebê e ainda moro com minha mãe. Ele é uma criança triste sem os cuidados da mãe. Ela não tem paciência, não se dedica completamente a ele. E lhe tem raiva, por impedi-la de viajar, de conhecer gente nova, de ler à noite e durante o dia, de dar um cochilo e dormir até tarde, por roubar seu jeito despreocupado, por ser dependente, por chorar assim que ela se afasta.

Imagino essas cenas e, em seguida, retomo minha vida de estudante. As cenas voltam. Eu as afasto, sigo em frente, passo para outra. Sempre voltam.

Ele cresceria longe de mim. Não penso nele com frequência. E depois, de tempos em tempos, retorna, cheio de reprovações mudas.

Não o escuto. Não quero que me incomode, não tenho tempo para ele.

Vou morar em Londres, depois em Nova Iorque. Imagino que lhe escrevo, mas não lhe dou nenhum sinal de vida, nem mesmo uma carta ou um telefonema. O que eu poderia lhe contar? Que foi difícil, que estou sozinha, que cada dia é uma batalha? Não quero lhe dizer que a vida sem ele é um fracasso. Que, talvez, sua presença não tivesse me impedido tanto assim de viver.

Meu pai está morto. Não estou mais protegida de nada, não dou mais as cartas. Volto para Paris, encontro um outro garoto – ele me diz: vou te fazer uma pergunta, se me der a resposta certa, vai ganhar um presente. Ele tem a fantasia e a generosidade do meu pai. Nos casamos. Meu marido quer um filho. Não lhe disse nada sobre você. Tampouco lhe falo sobre meu terror com a ideia de ficar grávida, de parir, de passar horas acordada para alimentar um bebê. Prefiro me calar. Engravido tão facilmente. Eu sei disso.

Bem rápido, estou grávida. Levito de alegria. O terror que eu carregava com você desapareceu. Estou pronta.

Mas aquilo volta. Sem me avisar, você bate à porta. Não quero escutar. Não me sinto culpada, só um pouco triste.

Nós crescemos juntos. Você parece se afastar de mim. Não te apresentarei seu irmão mais novo. Um bebê perfeito, que quase nunca chora, ri o tempo todo, tem os olhos azuis. Minha mãe, sua avó, chama-o "meu amorzinho", enquanto ela nunca deu um apelido para você. Ela nunca evocou você, nem uma vez sequer. Para ela, você nunca existiu. Além do mais, você não tem nome. Eu nunca escolhi um para você.

Você me dirá, com razão, que é tarde demais. Trinta anos sem nome, você está acostumado.

Sua avó morreu também. Ninguém te avisa. Imagino que você fica triste por não a ter conhecido, e triste por mim. Você é o único que intuiu meu sofrimento, minha solidão, o único que vê o bravo soldado sorridente que sou, escondendo tão bem seus cortes. E você, você é um morto a mais ou um morto a menos? Não, você não é um morto a mais. Você é o ausente.

Agarro-me ao seu irmão mais novo e à sua irmãzinha, que acabou de nascer.

O que vou te dizer é cruel. Perdoe a franqueza. Eles são os mais bonitos, as crianças mais charmosas do mundo.

Por eles, nunca darei o bastante, meu amor é ilimitado e indefectível. Por eles, me levanto a cada três ou quatro horas à noite, os nino, os alimento, gostei de trocar suas fraldas sujas, de limpar seus adoráveis bumbuns, os vesti com roupas caras demais. Admirei-os e os admiro ainda, agora que estão entrando na adolescência. Seu irmão mais novo conhecia toda a mitologia aos seis anos e sabe mil outras coisas que desconheço. Sua irmã caçula, eu a escondo, tenho medo de que a roubem de mim. Fico preocupada com eles ao menor segundo de atraso depois da escola.

Para você, nem medo, nem preocupação, nem admiração. Guardei tudo para eles. Nem esse sentimento, durante muito tempo tão familiar, eu não sinto mais. Não, não me sinto culpada por ter te negligenciado. Fico apenas triste quando penso em você.

Você se contentou com as migalhas que eu jogava, uma vez por ano, no inverno. Nas semanas em torno da data do seu nascimento, que não sei ao certo qual é. Janeiro, fevereiro de 1985?

Você se sacrificou por eles.

Entendi isso lendo a narrativa de Annie Ernaux. Em *O acontecimento*, ela escreve: "Sei hoje que me era necessária essa experiência e esse sacrifício para desejar ter filhos".

Convenci-me de que foi um menino – um bebê do inverno, nascido há trinta anos – que me permitiu ser livre, ser alternadamente, a meu bel-prazer, estudante, viajante, amante, esposa, mãe, leitora, turista, jornalista, escritora.

Com essas poucas palavras, estou finalmente pronta para revelar sua ausência.

Graças à lei, sua ausência não é o resultado de horas cruéis de maus-tratos, sangue, medo, humilhação e desprezo.

Não foi com "alegria no coração", tampouco confortável, banal ou por conveniência. Não estava em sofrimento profundo, nem vivi um drama, mas aquela primavera de 1984 foi, sei agora, "uma experiência humana total, da vida e da morte, do tempo, da moral e do interdito" (*O acontecimento*).

Posso, então, agora, escrever. Sua ausência me acompanha há trinta anos.

Sua ausência me permitiu ser a mulher livre que sou hoje.

Notas da tradução

[1] A *Rive droite* é uma região ao norte de Paris, situada na margem direita do rio Sena. Historicamente, é associada a luxo, sofisticação e costumes mais conservadores, em oposição à boemia de mentalidade mais progressista da margem esquerda, a *Rive gauche*.

[2] O *baccalauréat*, também chamado de *Bac*, é um diploma nacional francês que sanciona o final do ensino médio.

[3] Jornal *Libération*.

[4] Na Inglaterra, o aborto foi legalizado em 1967.

[5] *Grande École* é uma instituição de ensino superior de grande prestígio na França. Em seus quadros de egressos, encontra-se a elite política e científica francesa.

Sobre a autora

COLOMBE SCHNECK, nascida em 9 de junho de 1966 na França, é escritora, jornalista e diretora de documentários. Autora de onze livros, de ficção e não ficção, recebeu prêmios da Académie Française, da *Madame Figaro* e da Society of French Writers, além de ter sido finalista dos prêmios Renaudot, Femina e Interallié. Seu trabalho foi traduzido para oito idiomas ao redor do mundo.

Sobre as tradutoras

LAURA CAMPOS é professora adjunta no Instituto de Letras da Universidade do Estado do Rio de Janeiro (Uerj). Doutora em estudos de literatura pela Universidade Federal Fluminense (UFF) e mestra em literaturas francófonas pela mesma instituição, realizou estágio pós-doutoral na Universidade de Rouen, na França, debruçando-se sobre o trauma nas narrativas de filiação da literatura francesa contemporânea, com ênfase na obra de Colombe Schneck.

ISADORA PONTES é doutora em estudos de literatura pela Universidade Federal Fluminense (UFF) e mestra em estudos literários pela Universidade Federal de Juiz de Fora (UFJF). Suas áreas de pesquisa são: literatura francesa, escritas de si, teoria queer e estudos feministas. Atua como tradutora de francês, tendo traduzido a obra *O acontecimento*, de Annie Ernaux.

© Relicário Edições, 2023.
© Éditions Grasset & Fasquelle, 2015.

Dados Internacionais de Catalogação na Publicação (CIP) de acordo com ISBD

S358d

Schneck, Colombe

Dezessete anos / Colombe Schneck ; traduzido por Isadora Pontes, Laura Campos. - Belo Horizonte : Relicário, 2023.
80 p. ; 13cm x 19cm.

Tradução de: Dix-sept ans
ISBN: 978-65-89889-62-5

1. Romance biográfico. 2. Annie Ernaux. 3. Aborto. I. Pontes, Isadora. II. Campos, Laura. III. Título.

2023-438

CDD 920
CDU 929

COORDENAÇÃO EDITORIAL Maíra Nassif Passos
EDITOR-ASSISTENTE Thiago Landi
PROJETO GRÁFICO, CAPA & DIAGRAMAÇÃO Ana C. Bahia
PREPARAÇÃO Maria Fernanda Moreira
REVISÃO DE PROVAS Thiago Landi

RELICÁRIO EDIÇÕES
Rua Machado, 155, casa 1, Colégio Batista | Belo Horizonte, MG, 31110-080
contato@relicarioedicoes.com | www.relicarioedicoes.com
@relicarioedicoes   /relicario.edicoes

1ª edição [2023]

Esta obra foi composta em Edita e impressa sobre
papel Pólen Bold 90 g/m² para a Relicário Edições.